AF244559

Extrait du Registre des Délibérations du District de Saint Magloire.

Du 22 Février 1770.

CE jour, le District de Saint Magloire, généralement Assemblé, M. POUJAUD, ayant obtenu la parole a lu ce qui suit :

Aperçu d'un Plan général en faveur des indigens de la Ville de Paris.

L'Humanité autant que la sureté des Citoyens invitent instament à prendre des mesures promptes et efficaces pour le soulagement des Pauvres. leur nombre s'accroit en proportion de l'extrême réduction des moyens qu'avoit précédement de pourvoir

A

à ses besoins, un grand nombre d'Artisans et Ouvriers. Aussi chaque jour on entend parler avec sollicitude et de l'importunité des Mandiants, et de délits nouveaux et multipliés que conseille la misère, quoique la bienfaisance des Particuliers ne se ralentisse pas et que l'Administration Municipale étende les distributious de secours. La vraie cause est que les aumônes sont faites indistinctement et le plus ordinairement mal placées, et que les Atteliers de charité sont ouverts à tous ceux qui veulent bien s'y présenter, tant de l'intérieur de la Ville que venant du dehors, lorsque par l'effet d'un ordre combiné et observé avec soin, on pourroit répartir les secours d'une manière plus convenable et plus utile à la plus grande partie des indigens de la Capitale, et empêcher qu'elle ne se peuple, comme elle l'est aujourd'hui, d'individus accoutumés à l'insurrection, qui demandent l'aumône avec un ton impératif et menaçant, et sont toujours prêts à renouveller le désordre.

Ce n'est donc pas assés, que de répandre

des secours ; ils ne doivent porter que sur les personnes qui ont des droits directs et prochains à notre bienfaifance, et l'on doit en déterminer la mesure de manière que tous puissent, s'il est possible, en ressentir les effets en proportion de leur infortune, sans qu'ils servent jamais à favoriser la fainéantise et la débauche.

On ignore le produit de la Contribution pour les Pauvres, de la part qu'ils ont dans les recettes des divers Spectacles, du droit qui est perçu à leur profit à l'entrée des Vins, des Aumônes du Roi, de celles qui sont distribuées par les soins du Chef de la Municipalité et des quêtes dans les Églises ; il est sans doute considérable ; mais le seroit-il d'avantage, l'emploi en seroit-il fait partout réligieusement et avec discernement, il seroit nécessairement insufisant, soit parceque les Pauvres du déhors viendroient y participer, soit par la facilité que laisse le deffaut d'ordre et d'ensemble de se présenter en plusieurs endroits et de recevoir de plusieurs mains le double , le triple des secours dont on a besoin.

La supression d'une partie des Ordres Religieux , dont les maisons étoient journellement assaillies d'une foule de Mandians qui en étoit secourus , va rendre plus pressante encore la nécessité d'adopter enfin , un plan général par lequel réunissant toutes les ressources ci-dessus , pour les mettre à la disposition d'une administration on puisse en déterminer d'une manière régulière , uniforme et invariable la répartition et l'emploi , en même tems que l'on fera usage de tous les moyens qui peuvent concourir à les rendre plus considérables.

Celui dont on va proposer l'aperçu , a été disposé dans cette vue. Seroit-il jugé insuffisant , il seroit encore préférable à ce qui se fait aujourd'hui , et l'on devroit d'autant plus le mettre à exécution que des Administrateurs , invités par tous les motifs d'une cause auſi intéressante , seroient nécessairement jaloux de se distinguer et auroient bien-tôt perfectionné ce qui seroit susceptible de l'être.

Ces Administrateurs au nombre de dix notables formeroient un Bureau général, qui seroit présidé par le Maire et en son absence, par l'Administrateur ayant l'inspection et surveillance des Hôpitaux ou celui des établissemens faits et à faire pour reprimer les Vagabons et suprimer la Mendicité.

Celui chargé des travaux publics y auroit aussi séance et voix délibérative.

Ce Bureau seroit substitué à celui qui est connu sous la dénomination de grand Bureau des Pauvres.

Les premières opérations de ce Bureau auroient pour objet, de connoître les besoins des Pauvres et les ressources dont il auroit à disposer ; pour y parvenir il se procureroit d'un côté, le récensement de tous les Pauvres et indigens de la Ville qu'il formeroit sur des relevés faits dans chaque District, et qui offriroient tous les renseignemens indiqués dans les diverses colonnes de l'Etat ci-joint, et de l'autré, un état des fonds provenant de toutes les natures de Recettes ci-devant énoncées.

Le recensement seroit divisé en cinq parties, la première des hommes & femmes en état d'être occupés à des travaux publics et de charité ; la deuxième, des hommes & des garçons infirmes et susceptibles d'être employés dans des Atelliers ; la troifième, des Femmes et Filles dans le même cas ; la quatrième, de tous ceux qui ne pouvant, soit par leur âge trop jeune ou trop avancé, soit par leurs infirmités, maladies ou autres caufes, se livrer à aucune espèce de travail, devroient être secourues dans leur domicile ; la cinquième enfin, de tous les Mandiants qui se trouveroient accidentellement dans Paris et n'y auroient point un logement quelconque, depuis un mois au moins.

Il seroit pris au plus-tôt, des mesures pour que cette dernière partie fut éconduite de Paris sans aucun délai.

Le Réglement qui l'ordonneroit, deffendroit en même tems, de mandier dans les rues, les églises, promenades et maisons, à peine d'être mis aux arrêts pendant vingt quatre heures et de plus grande peine en cas de récidive.

Il interdiroit en outre, à tous Pauvres du dehors, de se rendre à Paris sans être munis d'un certificat de leur Municipalité, lequel certificat ne pourroit être donné, ni avoir d'effet, qu'en cas de maladie et pour procurer l'entrée à l'Hôpital ou autre Etablissement semblable; si non la garde établie aux Barrières, les obligeroit à s'en retourner et en cas de résistance, ils seroient punis par les arrêts et même d'une plus grande peine s'il y avoit lieu.

Ce Réglement seroit affiché dans tous les lieux publics de Paris, à chacune des Barrières et envoyé dans toutes les Villes et Villages de l'arrondissement du Département de Paris, avec invitation aux Municipalités, de le faire afficher et publier au prône.

Le Bureau s'occuperoit ensuite, de pourvoir au travail de tous ceux compris dans la première partie du recensement, en déterminant les travaux de charité auxquels ils seroient envoyés, et il seroit formé en suite des états par Sections ou Districts, des travailleurs de leur arrondissement, pour par le Comité permanent, les envoyer sur le lieu auquel ils seroient destinés à travailler et ils y seroient surveillés par uu inspecteur qui seroit chargé de faire parvenir au Comité, le compte de la conduite de ceux qui auroient donné lieu à quelques Plaintes.

Il en seroit usé de même, à l'égard des Atteliers de charité pour la deuxième et la troisième partie du Recensement.

Quant aux Indigents qui seroient compris dans la quatrième partie restante et qui seroient particulièrement, l'objet des soins du Bureau général, il en compareroit le nombre et l'objet des besoins aux ressources que les recettes de toute nature offriroient; et si, comme il y a lieu de le présumer, ces dernieres se trouvoient insufisantes, il aviseroit aux moyens de leur procurer une augmentation proportionnée et nécessaire.

Pour cet effet il seroit déterminé une

nouvelle fixation de la part des Pauvres, dans les recettes des Spectacles, celle qui subsiste depuis nombre d'années étant très-foible, puis qu'elle ne produit que trente mille livres à chacun des Théâtres François et Italien.

Les frais du culte et conséquemment le revenu des Fabriques devant être pris désormais sur le revenu des biens du Clergé, le prix des Chaises dans les Eglises pour tenir lieu de la part des Pauvres sur ces biens seroit destiné à leur subsistance.

Beaucoup d'indigens cachés dont la santé et les forces sont minées et détruites par la détresse extrême et le sentiment profond dn malheur étant désormais secourus à propos, ne seroient plus réduits à envisager les Hôpitaux comme le terme de leurs maux et de leur vie, et à s'y voir traîner lorsque souvent l'arrêt de leur mort est prononcé. Les Hôpitaux ainsi soulagés, pourroient par cette raison, fournir quelques secours annuels dont il seroit couvenu avec eux.

Enfin s'il étoit nécessaire, la contribution

pour les Pauvres seroit augmentée , et elle seroit d'ailleurs, payée avec plus d'exactitude qu'elle ne l'a été jusques à présent.

Au moyen de toutes ces parties de recettes faites par un Trésorier général qui seroit Membre du Bureau, il seroit pourvu aux besoins divers de la derniere partie dont il s'agit ; il seroit délivré à cet effet des ordres pour fournir les objets de nécessité à chaque Indigent , et les Comités permanens auxquels ces ordres seroient adressés , veilleroient avec soin à leur exécution prompte et exacte, comme ils se feroient remettre les Mémoires des Marchands et Fournisseurs pour les faire passer à mesure, au Bureau général, après avoir été examinés et comparés aux ordres, et visés par le Président ou un Commissaire de service et le Greffier , pour le paiement en être ordonné par le Bureau général.

Les Médecins et Chirurgiens attachés à chaque District ou Section seroient chargés de visiter les Malades une fois par jour et plus souvent s'il étoit nécessaire , et ils remettroient exactement au Comité, le rapport de ces Visites.

Les Sœurs de Charité attachées aux Paroisses prendroient soin des Malades et Infirmes.

Les Comités permanents se tiendroient une fois par semaine pour s'occuper uniquement de ce qui pourroit intéresser le sort des Pauvres et Indigens.

Les Curés des Paroisses y seroient admis avec voix délibérative.

Il seroit dressé des Procès-verbaux de tous les objets proposés et discutés, et le double en seroit adressé de suite, au Bureau général, pour être statué ce qu'il appartiendroit.

Tout Citoyen qui desireroit concourir à cette Administration intéressante seroit admis au Comité de la Section, en payant vingt-quatre livres par chaque année et d'avance.

Les Personnes qui ont formé des sociétés particulières de Bienfaisance seroient invitées à se réunir par Commissaires, aux

Membres du Bureau général, afin que les secours fussent distribués de concert et pour le plus grand avantage des Pauvres, à moins qu'elles ne préférassent de confondre leurs bienfaits et d'en confier au Bureau la répartition et l'aplication.

Les dix Notables seroient chargés des détails et des rapports au Bureau des États et demandes des Comités permanents avec lesquels ils correspondroient à cet effet, et pour leur transmettre les arrêtés et ordres du Bureau et en connoître l'exécution.

Ils s'assembleroient deux fois par semaine, ils recevroient et arrêteroient les comptes du Trésorier, qui seroit tenu de les présenter dans les six premières semaines après une année révolue, et ces comptes arrêtés au plus tard, dans les six autres semaines suivantes, seroient livrés à l'impression pour être rendus publics.

L'Assemblée générale ayant entendu avec la plus grande satisfaction, la lecture de ce plan présenté avec beaucoup de clarté et dont les moyens d'exécution inspirés à l'Auteur par un amour du bien général qui l'a distingué dans toutes les occasions, sont dévelopés avec une intelligence exercée dans les affaires d'Administration publique.

Considérant que les secours qui sont distribués dans cette Capitale, déjà très-insufisans, le seront encore davantage par l'effet des circonstances.

Que par l'exécution de ce Plan, il sera enfin pourvu convenablement au sort des Infortunés de cette Capitale, sans qu'il soit nécessaire d'y employer une portion de revenus publics, comme l'auguste Assemblée des Représentans de la Nation paroît l'avoir projetté, mais qu'il est impossible de réduire en cet instant;

Considérant en outre, que l'urgence des circonstances est telle que l'on s'exposeroit

aux plus grands inconvénients si l'on dif-
féroit encore, de prendre un parti sur cet
objet important d'Administration et si in-
téressant sous tous les rapports.

A arrêté a l'unanimité, que le Plan pro-
posé par M. Poujaud, sera imprimé dans
le plus bref délai et envoyé aux cinquante
neuf autres Districts.

Et charge M. Poursin de Grand Champ,
de le porter à l'Assemblée générale des
Représentans de la Commune, et de faire
auprès d'elle les plus vives instances pour
qu'elle députe à l'Assemblée nationale, à
l'effet de solliciter un Décrêt pour son
exécution dans toutes ses parties.

Signé sur le Registre POULLETIER, *Présid.*

PASQUEAU DE S. CYR, *Secrétaire-Greffier.*

Collationné par Nous, Secrétaire-
Greffier, soussigné,
PASQUEAU DE SAINT-CYR.

Nom de la Rue.	Numéro de la Maison.	Noms des personnes Indigentes.	Date de leur entrée dans le Logement.	Epoque de leur séjour à Paris.	Leur âge.	Leur Profession actuelle ou ancienne.	Nature de leur Infirmité.	Nature de leur Maladie.	Nombre de leurs Enfans.	Age de leurs Enfans.	Ouvrages auxquels on pourroit occuper les uns ou les autres.	Nature des Secours à leur donner tels que Pain, Riz & autres Alimens, par jour, par semaine, &c. Lit, Linge, Vêtement, Ustenciles, Bois, Lumière & Médicamens.

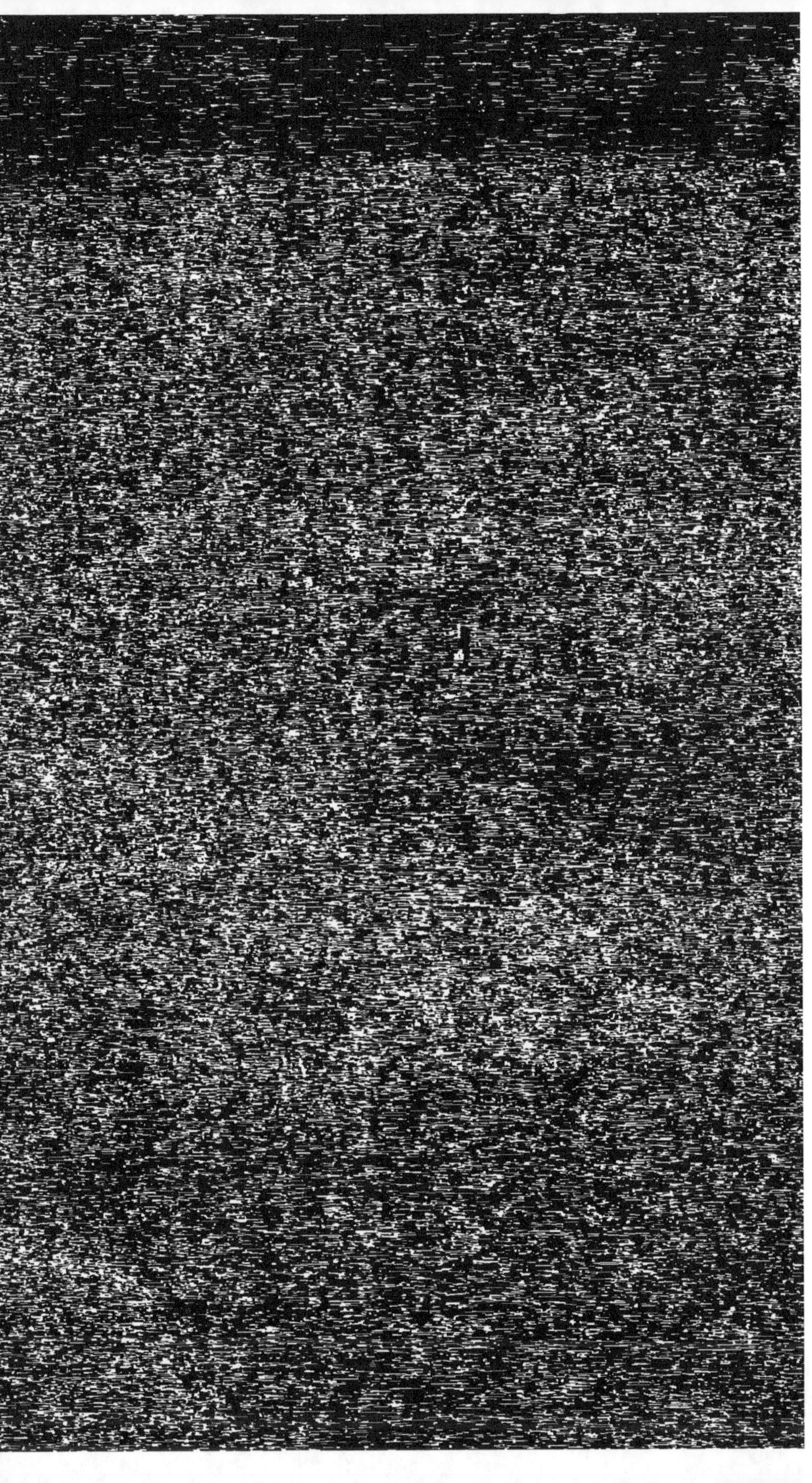